正向教育
故事系列

老虎哈哈，
請別發脾氣

蘇·格雷夫斯 著　　特雷弗·鄧頓 圖

新雅文化事業有限公司
www.sunya.com.hk

正向教育故事系列

《正向教育故事系列》全套10冊，**旨在培養孩子正向的性格強項，發揮個人潛能，活出更精彩豐盛的人生。**

在《正向教育故事系列》裏，動物們遭遇到一些孩子普遍會遇到的困境，幸好他們最後都能發揮相關的性格強項，完滿地解決事情，還得到意外驚喜。

小朋友，準備好了嗎？現在，就讓我們進入正能量世界，一起跟着

 鱷魚卡卡學**毅力**　　 大象波波學**仁慈**

 豹子達達學**團隊精神**　　 長頸鹿高高學**公平**

 河馬胖胖學**正直**　　 獅子安安學**希望**

 猴子奇奇學**審慎**　　 烏龜娜娜學**勇敢**

 老虎哈哈學**自我規範**　　 犀牛魯魯學**社交智慧**

每冊書末還設有**親子/師生共讀建議**，幫助爸媽和孩子說故事呢！

 升級功能

　　本系列屬「新雅點讀樂園」產品之一，若配備新雅點讀筆，爸媽和孩子可以使用全書的點讀和錄音功能，聆聽粵語朗讀故事、粵語講故事和普通話朗讀故事，亦能點選圖中的角色，聆聽對白，生動地演繹出每個故事，讓孩子隨着聲音，進入豐富多彩的故事世界，而且更可錄下爸媽和孩子的聲音來說故事，增添親子閱讀的趣味！

　　「新雅點讀樂園」產品包括語文學習類、親子故事和知識類等圖書，種類豐富，旨在透過聲音和互動功能帶動孩子學習，提升他們的學習動機與趣味！

　　家長如欲另購新雅點讀筆，或想了解更多新雅的點讀產品，請瀏覽新雅網頁 (www.sunya.com.hk) 或掃描右邊的QR code進入 。

如何使用**新雅點讀筆**閱讀故事

① 下載本故事的聲音檔案

1. 瀏覽新雅網頁(www.sunya.com.hk) 或掃描右邊的QR code 進入 新雅‧點讀樂園 。

2. 點選 下載點讀筆檔案 ▶ 。

3. 依照下載區的步驟說明，點選及下載《正向教育故事系列》的聲音檔案至電腦，並複製至新雅點讀筆的「BOOKS」 資料夾內。

② 點讀故事和選擇語言

啟動點讀筆後，請點選封面，然後點選書本上的故事文字或說話的人物，點讀筆便會播放相應的內容。如想切換播放的語言，請點選每頁左上角的 粵 ☆ 普 圖示，當再次點選內頁時，點讀筆便會使用所選的語言播放點選的內容。

語言圖示說明

粵
粵語
朗讀故事

☆
粵語
講故事

普
普通話
朗讀故事

安安的體形的確太大了，他無法坐上小型賽車，不過他一點都不介意，還去玩火箭漫遊。安安覺得這個機動遊戲更好玩吧！

然後大烏老師看看手錶，她說時間剛剛好，大家還來得及一起去玩沖天過山車。那是森林樂園裏最高、最快、最刺激的機動遊戲！

20

❸ 播放整個故事

如想播放整個故事請點選下面的圖示：

❹ 製作獨一無二的點讀故事書

爸媽和孩子可以各自點選以下圖示，錄下自己的聲音來說故事！

① 先點選圖示上爸媽錄音 或 孩子錄音 的位置，再點 OK，便可錄音。

② 完成錄音後，請再次點選 OK，停止錄音。

③ 最後點選 ▶ 的位置，便可播放錄音了！

④ 如想再次錄音，請重複以上步驟。注意每次只保留最後一次的錄音。

老虎哈哈的脾氣很壞，幾乎所有事情都能惹他生氣。他會因為猴子坐了他喜愛的座位而生氣。

他會因為小獅子擋着他而生氣。

他甚至會因為午飯時吃不到果凍而生氣。

哈哈生氣時絕不好惹。他會跺腳，他會大叫大嚷，他甚至會在地上翻滾。

同學們都怕了他。當哈哈發脾氣時，大家都
會跑開並躲起來。

　　星期一，大鳥老師向大家派發新的顏色筆，
她請大家畫一幅森林的圖畫。

　　哈哈想要紅色筆，但給河馬先拿了，這令他
生氣。他從河馬手上搶走了紅色筆。河馬很傷
心。

大鳥老師要求哈哈必須將筆還給河馬，並說哈哈要等河馬用完才輪到他。

　　但哈哈不想等，他現在就要那枝筆！哈哈發脾氣了，他將顏色筆倒了一地。大鳥老師請他到課室外冷靜一下。

在遊戲時間，哈哈還是很生氣。他想和獅子一起踢足球，可是獅子想和小獅子玩籃球。於是哈哈把球搶了過來，並把它踢到沼澤中。

獅子和小獅子都很不高興。他們把事情告訴大鳥老師。老師要求哈哈回到課室去，不能繼續玩了。

哈哈！

　　到了下午，大鳥老師説她有驚喜給同學們。她説大家將會到圖書館探望大熊老師，並挑選新圖書。老師請大家整齊地排隊，每行兩人。

她選了河馬和大象當隊伍的領袖。但哈哈生氣了，他想做領袖。大鳥老師說他必須和她一起走在後面，並保持秩序。

在圖書館裏，大熊老師向同學們介紹不同的圖書——有大有小，有厚有薄，有長也有短。

16

哈哈想要那本關於拖拉機的圖書，他十分喜歡拖拉機。他問大熊老師可以在哪裏找到那本書。大熊老師請他到書架去，仔細地找找。

　　哈哈看到那本拖拉機圖書了，它被放在書架
的另一端。哈哈伸手去拿，但給前面的同學們擋
着。他生氣了，把他們逐一推開。

大鳥老師請他不要推開別人，要耐心等待。
但哈哈不想耐心等待，他越來越生氣了！

　　就在這時，哈哈看見猴子把那本拖拉機圖書從書架上拿下來。哈哈發脾氣了。他踩腳、大叫、尖叫，他在地上滾來滾去。他生氣得把書架上的圖書都推倒在地上去了。

同學們都害怕了，他們跑開了並躲起來。但是大鳥老師和大熊老師並不害怕，她們感到不高興，因為哈哈嚇怕了其他同學。

　　大鳥老師將哈哈帶到圖書館外，她要跟哈哈
談一談。她教哈哈深呼吸。哈哈深深吸了一口
氣，並開始冷靜下來。他為自己把圖書館弄得一
團糟而感到不快樂，也為激怒了大家而感到難
過。

大鳥老師提示哈哈要補救這情況。她問哈哈接下來應該怎麼做。哈哈想了想，他說他應該向大熊老師和各位同學道歉。他說他應該收拾圖書館裏的東西。大鳥老師說這些都是很好的主意。

哈哈對大熊老師和各位同學說對不起，然後他把所有圖書整齊地放到書架上。

　　然後他安靜地坐在豆豆座墊上，等其他同學
先去拿書。可是最後他因為拿不到那本拖拉機圖
書而感到傷心。

然後猴子想到一個好主意,他問哈哈想不想
和他一起看那本拖拉機圖書。

猴子和哈哈一起看那本書。他們一起看每一
輛拖拉機,並一起討論。他們輪流翻到下一頁,
並輪流談談書中的圖畫。哈哈不再生氣了。

大鳥老師很滿意。她說哈哈表現得很好。哈哈說和朋友分享一本書更有樂趣，更說不發脾氣更好。大家都拍掌！

認識正向心理學的 24 個性格強項

　　正向心理學之父馬丁‧賽里格曼 (Martin Seligman) 與其他學者合作，研究出一套以科學驗證為基礎的正向心理學理論，提出每人都能培育及運用所擁有的性格強項，活出更豐盛的人生。

　　正向心理學中的性格強項分成 6 大美德 (Virtues)，共 24 個性格強項 (Character Strengths)。只要我們好好運用性格強項和應用所累積的正向經驗，日後無論是在順境或逆境中，我們仍然能從中獲得快樂及寶貴的經驗。

現在，一起來認識 24 個性格強項：

智慧與知識
(Wisdom & Knowledge)
喜愛學習 (Love of Learning)
開明思想 (Judgement)
洞察力 (Perspective)
創造力 (Creativity)
好奇心 (Curiosity)

勇氣
(Courage)
正直 (Honesty)
勇敢 (Bravery)
熱情與幹勁 (Zest)
毅力 (Perseverance)

節制
(Temperance)
謙遜 (Humility)
審慎 (Prudence)
寬恕 (Forgiveness)
自我規範 (Self-regulation)

24 個
性格強項

公義
(Justice)
公平 (Fairness)
團隊精神 (Teamwork)
領導才能 (Leadership)

仁愛
(Humanity)
愛 (Love)
仁慈 (Kindness)
社交智慧 (Social Intelligence)

靈性與超越
(Transcendence)
希望 (Hope)
感恩 (Gratitude)
幽默感 (Humour)
靈修性 (Spirituality)
對美麗和卓越的欣賞
(Appreciation of Beauty and Excellence)

故事中主角所發揮的性格強項

老虎哈哈的脾氣很壞，幾乎所有事情都能惹他生氣。他生氣時會踩腳，會大叫大嚷，甚至會在地上翻滾。今天，他在圖書館大發脾氣，把書架上的圖書都推倒在地上去了！

幸好，哈哈得到大鳥老師的幫助，他冷靜下來，發揮了**自我規範**的性格強項。他**控制**着自己的**行為和情緒**，然後向老師和同學道歉，並收拾好圖書館裏的東西。哈哈還發現，當他**自律**的時候，同學們會主動對他友善。原來當他不發脾氣的時候，大家都會很快樂！

親子 / 師生共讀建議

讀完故事後，和孩子談談這本書：

1 這故事關於什麼？當孩子對事情沮喪時，是否會感到憤怒，例如不得不輪流等待他們特別興奮的事情？請鼓勵孩子分享自己的經驗。

2 討論處理憤怒的方法以及如何使用一些策略讓自己平靜下來，例如到外面去；從一數到十；描述自己的憤怒；以其他活動分散注意力直至消氣等等。問問孩子在他們的經驗中，哪些方法最有效。

3 藉此談談如何應對生氣的人。向孩子指出故事中哈哈的憤怒並不是針對猴子，而是因為他不能夠得到那本書。

4 談談當有人因為自己的行為而感到不快時，向那些人說「對不起」的重要性。解釋這如何能改善別人的感覺。

5 邀請兩位孩子扮演故事中的哈哈和猴子，並使用討論過的應對憤怒策略。這些策略如何快速解決了問題？鼓勵所有孩子就策略的有效性發表意見。

正向教育故事系列（修訂版）

老虎哈哈，請別發脾氣

作　　者：蘇·格雷夫斯（Sue Graves）
繪　　圖：特雷弗·鄧頓（Trevor Dunton）
翻　　譯：馬炯炯
責任編輯：黃花窗、趙慧雅
美術設計：蔡學彰
出　　版：新雅文化事業有限公司
　　　　　香港英皇道499號北角工業大廈18樓
　　　　　電話：（852）2138 7998
　　　　　傳真：（852）2597 4003
　　　　　網址：http://www.sunya.com.hk
　　　　　電郵：marketing@sunya.com.hk
發　　行：香港聯合書刊物流有限公司
　　　　　香港荃灣德士古道220-248號荃灣工業中心16樓
　　　　　電話：（852）2150 2100　　傳真：（852）2407 3062
　　　　　電郵：info@suplogistics.com.hk
印　　刷：中華商務彩色印刷有限公司
　　　　　香港新界大埔汀麗路36號
版　　次：二〇二〇年九月初版
　　　　　二〇二三年三月第四次印刷